Kē jī quǎn de nuǎn xīn zhēn yán
柯基犬的暖心箴言

# Corgi State of Mind

by Katrina Liu    Illustrated by Eve Farb

For an audio reading in Mandarin and more books by Katrina liu visit

# MINALEARNSCHINESE.COM

@minalearnschinese

 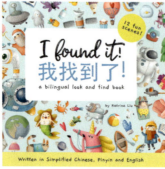  

   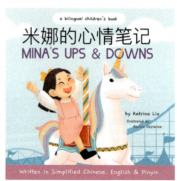

## ABOUT THE AUTHOR

**Katrina Liu** is an American-born Taiwanese/Chinese mom and children's book author from San Francisco, California. She lives with her husband, 2 daughters, and dog, Musubi, and is passionate about amplifying Asian-American stories and sharing Asian culture with the world. She's written several books including bilingual children's books in Chinese and English, intended to support non-native speaking families.

For Mina & Leah

ISBN: 978-1-953281-54-8
Copyright © 2021 by Katrina Liu. All rights reserved. No part of this book may be reproduced, transmitted, or stored in an information retrieval system in any form or by any means, graphic, electronic, or mechanical, including photocopying, taping, and recording, without prior written permission from the publisher. First edition 2021. A Traditional Chinese edition and English only edition are also available.

Hēi, kāi xīn zuò zì jǐ ba!
嘿，开心做自己吧！

Méi yǒu rén bǐ nǐ gèng shì hé zuò "nǐ".
没有人比你更适合做"你"。

Gēn wǒ lái ba! Nǐ yí dìng huì jué dé hǎo wán.
跟我来吧！你一定会觉得好玩。

Ràng wǒ men yì qǐ dà shēng shuō.
让我们一起大声说。

Hey there! Be yourself.
There's really no one better.
Come with me. It's fun! You'll see.
Let's say these things together.

Jīn tiān huì shì měi hǎo de yì tiān! Wǒ yǒu mǎn mǎn de ài hé guī shǔ gǎn.

今天会是美好的一天！我有满满的爱和归属感。

Today will be a great day! I am loved, and I belong.

Wǒ chī jiàn kāng, yǒu yíng yǎng de shí wù, ràng shēn tǐ qiáng zhuàng.
我吃健康、有营养的食物，让身体强壮。
I eat healthy, nutritious foods to keep my body strong.

Wǒ chōng mǎn zì xìn, áng shǒu kuò bù.
我充满自信，昂首阔步。

Wǒ duì rén yǒu shàn, xǐ huān qù liáo jiě tā men.
我对人友善，喜欢去了解他们。
I am kind to others and love learning what they're about.

Wó zhǐ xī rù jī jí de xiáng fǎ,
我只吸入积极的想法，
hū chū suó yǒu de bù ān.
呼出所有的不安。
I breathe in only good thoughts
and exhale out all my doubts.

Bú yào hài pà, huì yóng gǎn de ràng zì jí shǎn liàng.
**不要害怕，会勇敢地让自己闪亮。**
I'm not afraid to make a splash no matter how big or small.

Wǒ néng kè fú rèn hé fēng yǔ,
**我能克服任何风雨，**
měi cì diē dǎo le dōu huì chóng xīn zhàn qǐ lái.
**每次跌倒了都会重新站起来。**
I can weather any storm and get back up each time I fall.

Jīng cǎi de shì jiè děng zhe wǒ qù tàn suǒ.
精彩的世界等着我去探索。
Jìn qíng cháng shì xīn shì wù.
尽情尝试新事物。
Exciting adventures are ahead. There's nothing I won't try.

Wǒ de rén shēng wǒ zuò zhǔ.
我的人生我做主。
Zhè shì wǒ jiān dìng bù yí de xìn niàn.
这是我坚定不移的信念。
I'm the captain of my ship.
That's the motto I live by.

Wǒ yuàn yì jié jiāo gēn wǒ bù yí yàng de xīn péng yǒu.
**我愿意结交跟我不一样的新朋友。**
I'm open to making new friends who are different from me.

Wó bǎo zhèng: yóng yuǎn kàn shì qíng jī jí de yí miàn.
我保证：永远看事情积极的一面。

I'll always see the brighter side, and that's a guarantee!

Wó gǎn ēn jīn tiān de yí qiè. Wǒ yòng xīn zuò hǎo měi yī jiàn shì.
我感恩今天的一切。我用心做好每一件事。
Xiàn zài gāi shàng chuáng shuì jiào le. Wǒ zhí dé háo hǎo shuì yī jiào.
现在该上床睡觉了。我值得好好睡一觉。

I am grateful for today. I did my very best!
Now it's time to head to bed. I deserve a good night's rest.

Made in the USA
Monee, IL
28 April 2022